your selection

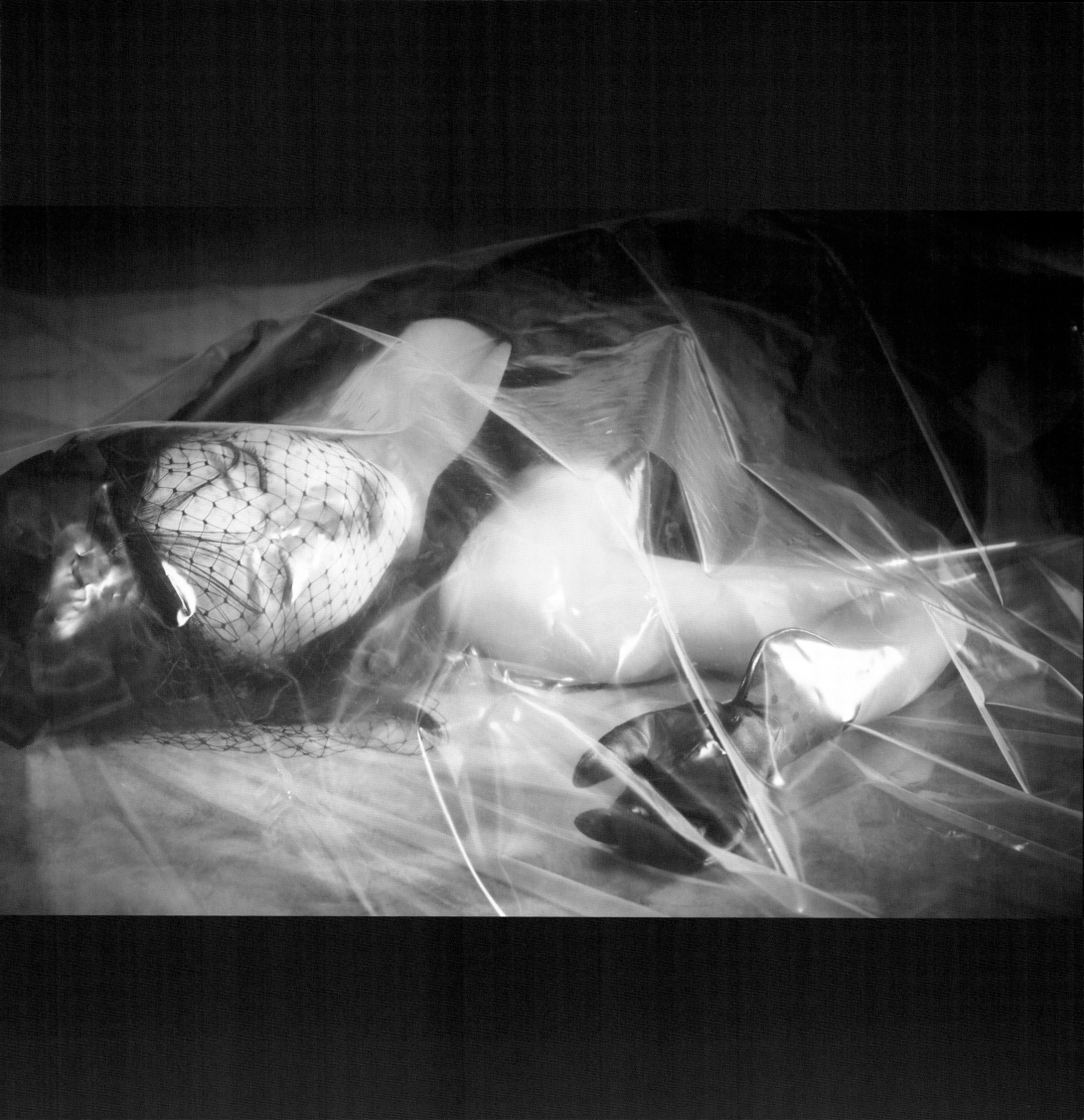

最後まで 見てくれて
ありがとう ♡

どの私 が 好きでしたか ♡?
全部 全部 愛してねっ ♥♥

三上悠亜

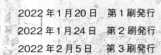

your selection

2022 年 1 月 20 日　第 1 刷発行
2022 年 1 月 24 日　第 2 刷発行
2022 年 2 月 5 日　第 3 刷発行

Model　三上悠亜
Photographer　小野寺廣信 (Boulego)
Stylist　いまいゆうこ
Hair & Make　imutan
オリジナル衣装デザイン&製作　石原睦美 (CLOTHING623)
アクセサリーデザイン&製作　巻智子 (TMOco.)

衣装協力
Swankiss ☎03-3477-5058
ダイアナ（ダイアナ 銀座本店）☎03-3573-4005

Transworld Japan Inc.
Produce　斉藤弘光
Designer　山根悠介
Sales　原田聖也

発行者　佐野 裕
発行所　トランスワールドジャパン株式会社
〒150-0001 東京都渋谷区神宮前 6-25-8 神宮前コーポラス
Tel：03-5778-8599　Fax：03-5778-8590

印刷・製本　日経印刷株式会社

ISBN 978-4-86256-334-7
2022 Printed in Japan
©Transworld Japan Inc.